AF595736

COMMISSION DE GOUVERNEMENT

POUR

LES TRAVAILLEURS.

SÉANCE DU 3 AVRIL 1848.

NOUVEAU DISCOURS

DE M. LOUIS BLANC

SUR L'ORGANISATION DU TRAVAIL,

DEVANT L'ASSEMBLÉE GÉNÉRALE DES DÉLÉGUÉS DES TRAVAILLEURS.

Mes amis, j'ai passé une partie de la journée dans mon lit ; je suis très-fatigué ; je suis malade. Si par hasard mes forces trahissaient ma volonté, je réclame votre indulgence.

Votre grande préoccupation, en ce moment, est de connaître les hommes qui, dans la future Assemblée nationale, défendront le mieux les intérêts du Peuple.

Il importe donc que vous fixiez votre attention sur les idées les plus propres à amener, sans secousses, sans violences, mais d'une manière certaine, votre affranchissement.

L'Assemblée nationale, dans un mois, sera réunie. Quelles questions seront portées alors à la tribune ? Dans quel sens faudra-t-il qu'elles soient résolues ? Voilà de quoi je désire m'entretenir avec vous. Je viens vous exposer franchement, dans toute la sincérité de mon cœur, les idées que je crois les plus fécondes ; je viens me mettre en communion de sentiments avec vous, et savoir si nous pensons, si nous sentons en commun.

Il y a quelques jours, nous avons agité devant la commission permanente un projet d'organisation du travail qui a été travesti par des interprétations malveillantes et des commentaires intéressés, notamment en ce qui touche le principe de l'égalité des salaires.

Eh bien! le système que nous avons exposé d'une manière sommaire devant trente ou quarante personnes, il s'agit aujourd'hui pour nous de le reprendre, de le développer devant les délégués des travailleurs, afin que par eux il arrive, dans sa vérité, à tous les hommes du Peuple.

Depuis que la *Commission de Gouvernement pour les travailleurs* est installée, elle a vu passer sous ses yeux des douleurs dont le spectacle l'a presque épouvantée; et pas une de ces douleurs qui ne soit le résultat lamentable, mais forcé, de la constitution actuelle de la société!

Ainsi donc, c'est au salut de la société tout entière, par l'affranchissement des travailleurs et la fécondation du travail, que l'Assemblée nationale aura bientôt à pourvoir. La question est difficile à résoudre, mais elle s'impose à nous comme la grande, comme l'inévitable nécessité des temps modernes. (De toutes parts et avec émotion : Oui! oui!) J'en suis, pour ma part, tellement convaincu, que depuis longtemps j'ai pris envers moi-même l'engagement de ne pas dérober un jour à ces études orageuses, et l'engagement, je le tiendrai, dussé-je mourir avant la solution du problème!

(Plusieurs délégués se levant et tendant la main : Et nous aussi.)

Le principe sur lequel repose la société d'aujourd'hui, c'est celui de l'isolement, de l'antagonisme, c'est la concurrence. Voyons un peu ce qu'un semblable principe peut porter dans ses flancs.

La concurrence, c'est, je le dis tout d'abord, c'est l'enfantement perpétuel et progressif de la misère. Et en effet, au lieu d'associer les forces de manière à leur faire produire leur résultat le plus utile, la concurrence les met perpétuellement en état de lutte; elle les annihile réciproquement, elle les détruit les unes par les autres. De quoi se composent aujourd'hui, je le demande, les bénéfices de tout atelier? N'est-ce pas de la ruine de maint atelier rival? Quand une boutique prospère, n'est-ce point parce qu'elle est parvenue à arracher, comme une proie, l'achalandage des boutiques voisines? (Bravo! bravo!) Que de fortunes uniquement formées de débris! Et de combien de larmes ne se compose pas, souvent, le bonheur de ceux qu'on appelle les heureux! (Vifs applaudissements.) Or, est-ce une société véritable que celle qui est constituée de telle sorte, que la prospérité des uns corresponde fatalement aux souffrances des autres? Est-ce un principe d'ordre, de conservation, de richesse, que celui qui fait de la société un amalgame désordonné de forces, dont les unes ne triomphent que par l'incessante destruction des forces opposées? (Des divers côtés de la salle : Oui ! oui ! vous avez raison !) Je vous remercie de cette interruption sympathique ; car, contre toutes les attaques qui servent de récompense à ceux qui, par dévouement à la chose publique, affrontent tant de fatigues et de périls, contre ces attaques, de jour en jour plus envenimées, votre adhésion nous est un rempart, et il nous est doux de trouver appui dans vos cœurs. (Marques unanimes d'assentiment.)

La concurrence est une cause d'appauvrissement général, parce qu'elle entraîne une déperdition de travail humain, immense et continue; parce que chaque jour, à chaque heure, sur chaque point du sol, elle révèle son empire par l'anéantissement de quelque industrie vaincue, c'est-à-dire par l'anéantissement des capitaux, des matières premières, du travail, du temps, employés par cette industrie. Eh bien ! je n'hésite pas à affirmer que la masse de richesses ainsi dévorées est tellement considérable, que quiconque la pourrait mesurer d'un coup d'œil reculerait d'effroi. (Bravo !)

La concurrence est une cause d'appauvrissement général, parce qu'elle livre la société au gouvernement grossier du hasard. Est-il, sous ce régime, un seul producteur, un seul travailleur, qui ne dépende pas d'un atelier lointain qui se ferme, d'une faillite qui éclate, d'une machine tout à coup découverte et mise au service exclusif d'un rival? Est-il un seul producteur, un seul travailleur, à qui sa bonne conduite, sa prévoyance, sa sagesse, soient de sûres garanties contre l'effet d'une crise industrielle? La concurrence force la production à se développer dans les ténèbres, à l'aventure, en vue de consommateurs hypothétiques et de marchés inconnus. De là un désordre inexprimable; de là impossibilité absolue d'établir entre la production et la consommation cet équilibre d'où sort la richesse. Aussi, que voyons-nous? A côté de telle industrie qui regorge de bras, telle autre en appelle vainement. A côté de tel marché qui reste désert, tel autre se montre déplorablement engorgé. C'est l'impuissance dans la confusion, c'est la pauvreté par le chaos. Et quelle sécurité possible dans un semblable régime? Quand j'aurai dit que la concurrence réduit l'industrie à n'être plus qu'une loterie meurtrière, osera-t-on me répondre, comme les économistes anglais : « *Tant pis pour celui qui tire un billet perdant !* » Où l'anarchie est installée, tenez pour certain qu'il y a ruine, et que la ruine éclatera tôt ou tard, dans un an, dans deux ans, à un jour donné, qui sera, par exemple, le 24 février 1848. (Applaudissements prolongés.) Grande leçon qui prouve que nul moyen n'existe d'éluder cette invincible loi de la solidarité humaine! Leçon terrible qui crie aux hommes : Vous n'avez pas voulu de la solidarité dans le bonheur; vous la subirez dans les désastres! (Énergiques et unanimes applaudissements.)

La concurrence est une cause d'appauvrissement général, parce qu'elle rend né cessaire une foule, d'êtres parasites qui ne vivent que du désordre qu'elle crée. Si la société était fondée sur ce principe de fraternité qui, je le proclame bien haut, est la vraie source de la richesse, où serait la nécessité de tant de fonctions qui, aujourd'hui, ne consistent qu'à régler les débats, qu'à terminer les discussions, qu'à couper court aux querelles et aux haines, engendrés par la séparation des intérêts? Imaginez des milliers d'hommes sans cesse occupés à reconstruire un mur que des milliers d'hommes sont sans cesse occupés à abattre : voilà l'image de l'activité sociale, telle que la concurrence la détermine. (C'est vrai!)

Épuisons cette démonstration. La concurrence est une cause d'appauvrissement général, parce que, loin de tendre à universaliser l'application des découvertes du génie, elle les renferme dans le cercle du monopole, et souvent même les transforme en agents de destruction. Ainsi, que, dans le régime de concurrence, une machine soit inventée, profitera-t-elle à tous, à tous sans exception? Non, vous le savez bien. Ce sera une massue avec laquelle l'inventeur breveté écrasera ses compétiteurs et cassera les bras à des légions d'ouvriers. Laissez-moi vous présenter ici une comparaison saisissante. Supposez, pour un moment, que le génie de l'homme se soit élevé, dans la région des découvertes, à une telle hauteur, que tout le travail humain puisse être remplacé par l'action des machines; et voyons ce qui en résulterait dans le système d'association d'abord, puis dans le système actuel, la concurrence.

Dans le premier de ces deux systèmes, qui par sa nature exclut tout privilége, tout monopole, tout brevet d'invention, et répartit entre tous la richesse, il est évident que la substitution générale des machines au travail humain n'aurait qu'un résultat, celui de permettre à tous les hommes le repos du corps, en remplaçant, à leur profit, le labeur manuel par la culture de l'intelligence, par le développement des hautes études, par la pratique de plus en plus perfectionnée de ce qui tient à l'imagination, aux arts, à la poésie. Dans le système de concurrence, au contraire, qui livre chacun à ses propres forces et dont l'étendard porte ces sauvages devises : *au plus habile, au plus riche le succès! Malheur aux vaincus!* » dans le système de la concurrence, qui fait de toute découverte la propriété *exclusive* d'un seul ou de quelques-uns, qu'arriverait-il si l'on parvenait à inventer assez de machines pour rendre tout le travail humain superflu? Ce qui arriverait? je frémis de le penser : les trois quarts de la population mourraient de faim. (Sensation profonde.) Comprenez-vous bien la portée d'un tel rapprochement? (Oui! oui! oui!)

Les découvertes de la science sont trois fois saintes; considérée en elle-même, l'invention d'une machine destinée à épargner aux hommes une fatigue est un incommensurable bienfait. D'où vient donc qu'aujourd'hui des milliers de travailleurs sont quelquefois réduits à la misère par l'application d'un procédé nouveau? Est-ce la faute de la science, est-ce la faute du génie, est-ce la faute des machines, qui asservissent la nature à l'humanité ? Non, c'est la faute d'un régime si absurde, si vicieux, que le bien même ne peut s'y produire qu'accompagné d'un immense cortége de maux. En serait-il ainsi, dites-moi, sous une loi d'universelle association? Concevez-vous que le génie pût jamais être pour un seul homme un sujet d'inquiétude, là où existerait dans toute sa splendeur la solidarité des intérêts? Le génie !... ah ! sa grandeur consiste à se mettre au service de l'humanité TOUT ENTIÈRE ; et lorsqu'il en est réduit à fournir au monopole, à la cupidité, des armes de combat, c'est, j'en jure, parce que sa mission est dénaturée ! (Vive sensation.)

Un délégué se lève, et d'une voix émue : Reposez-vous, ménagez vos forces; nous avons besoin de vous.

M. Louis Blanc : Non, mes amis, non. Je me sentais très-fatigué en commençant; mais votre sympathie me soutient, elle m'anime : je ne suis plus fatigué. (Applaudissements dans toute la salle.)

En vous expliquant pourquoi la concurrence était une cause d'appauvrissement général, je ne vous ai pas dit qu'elle provoquait entre ouvriers une compétition qui les condamne à se disputer l'un à l'autre l'emploi; qui les réduit à se vendre au rabais pour obtenir la préférence ; qui pèse, par conséquent, sur les salaires et resserre la consommation en même temps qu'elle donne à la production une ardeur déréglée et dévorante. Que vous aurais-je appris à cet égard que vous ne sachiez, hélas ! par la plus cruelle de toutes les expériences?

Mais un trait essentiel manquerait à ce triste tableau, si j'oubliais d'ajouter qu'en créant la misère, la concurrence crée l'immoralité. Car, qui oserait le nier? C'est la misère qui fait les voleurs; c'est la misère qui, en greffant le désespoir et la haine sur l'ignorance, fait la plupart des assassins; c'est la misère qui fait descendre tant de jeunes filles à vendre hideusement le doux nom d'amour. Qu'on lise les feuilles judiciaires, qu'on interroge le registre des écrous, qu'on fouille dans les archives de la prostitution, et qu'on réponde ! Voilà donc la société introduisant au milieu d'elle, par le seul vice de sa constitution, la haine, la violence, l'envie; la voilà se plaçant elle-même dans cette alternative ou d'être opprimée par en haut ou d'être incessamment troublée par les attaques d'en bas. Que le système d'où naît une situation aussi désastreuse se défende ! Nous l'accusons hautement d'immoralité. (Bravo !)

Mais quoi ! on nous avertit que si nous touchons à la concurrence, nous portons la main sur la liberté. Une pareille objection est-elle sérieuse?.....

Avant de la repousser, j'ai à vous prémunir contre tout sentiment d'irritation. Dieu me préserve de venir ici vous exciter à la colère et faire appel à des impatiences farouches dont vous seriez victimes les premiers ! La manière même dont je pose la question vous montre assez que les maux signalés accusent non pas tel ou tel homme, telle ou telle classe, mais une organisation sociale vicieuse, un faux principe. Or, changer une mauvaise organisation sociale, écarter un faux principe, ce n'est point là une affaire d'impatience et de révolte, c'est une affaire d'étude et de science. Quant à moi, mis journellement en rapport avec le Peuple depuis la révolution de février, j'ai pleine confiance dans sa modération. C'est pourquoi je n'hésite pas à m'entretenir avec vous de vos souffrances. Le moindre emportement dans vos plus légitimes désirs, la moindre violence dans vos actes, risqueraient de tout compromettre. Voilà, grâce au ciel, ce que vous sentez aussi bien que moi; et c'est un des plus glorieux indices de la grandeur de nos prochaines destinées, que cette disposition du Peuple à attendre son affranchissement, non de la force brutale, mais de l'ordre, de la discussion libre, de la science. Oui, mes amis, soyons calmes, soyons patients et modérés. Laissons les vulgaires ressources de la violence à nos adversaires. Nous avons de notre côté la justice et la raison : ne faisons pas à la raison, à la justice, cette injure de nous défier de leur triomphe au moment où elles vont enfin avoir la parole. (Applaudissements.)

Je reprends : on nous reproche d'attaquer la liberté en attaquant la concurrence. Ah ! j'avoue qu'un tel reproche me remplit d'étonnement. Car si nous ne voulons pas de la concurrence, c'est précisément parce que nous sommes les adorateurs de la liberté. Oui, la liberté, *mais la liberté pour tous*, tel est le but à atteindre, tel est le but vers lequel il faut marcher. (Bruyante approbation.) Voyons si le régime actuel y conduit.

Que la liberté existe aujourd'hui, et dans toute sa plénitude, pour quiconque possède des capitaux, du crédit, de l'instruction, c'est-à-dire les divers moyens de développer sa nature, je suis certainement loin de le nier.

Mais la liberté existe-t-elle pour ceux à qui manquent tous les moyens de développement, tous les instruments de travail ? Quel est le résultat de la concurrence ? N'est-ce pas de mettre les premiers aux prises avec les seconds, c'est-à-dire des hommes armés de pied en cap avec des hommes désarmés ? La concurrence est un combat, qu'on ne l'oublie point. Or, quand ce combat s'engage entre le riche et le pauvre, entre le fort et le faible, entre l'homme habile et l'ignorant, on ne craint pas de s'écrier : Place à la liberté ! Mais cette liberté-là, c'est celle de l'état sauvage. Quoi ! le droit du plus fort, c'est ce qu'on ne rougit point d'appeler la liberté ! Eh bien, je l'appelle, moi, l'esclavage. Et j'affirme que ceux d'entre nous qui, par suite d'une mauvaise organisation sociale, sont soumis à la tyrannie de la faim, à la tyrannie du froid, à la tyrannie invisible et muette des choses, sont plus réellement esclaves que nos frères des colonies, qui travaillent sous le fouet du commandeur, mais qui, du moins, sont assurés de leur lendemain. (C'est vrai ! c'est vrai ! Applaudissements.)

Lorsque, chaque jour, des malheureux à qui une compétition désordonnée ferme les avenues du travail viennent nous dire ici : « De grâce, du travail pour nous ! du pain pour nos femmes et pour nos enfants ! » et que nous n'avons rien à leur répondre....., ces hommes sont-ils libres ? (Non ! non !)

L'étendard que Spartacus leva dans l'antiquité portait-il une devise plus profonde, plus poignante que celle des ouvriers lyonnais : « Vivre en travaillant..... » Je n'achève pas..... Ceux qui l'adoptèrent, cette devise, étaient-ils libres ? (Voix nombreuses : Ils étaient esclaves de la faim !)

Disons-le bien haut : la liberté consiste, non pas seulement dans le DROIT, mais dans le POUVOIR donné à chacun de développer ses facultés. D'où il suit que la société doit à chacun de ses membres, et l'instruction, sans laquelle l'esprit humain ne peut se développer, et les instruments de travail, sans lesquels l'activité humaine est d'avance étouffée ou tyranniquement rançonnée.

Il faut donc, pour que la liberté de tous soit établie, assurée, que l'État intervienne. Or, quel moyen doit-il employer pour établir, pour assurer la liberté ? L'association. A tous, par l'éducation commune, les moyens de développement intellectuel ; à tous, par la réunion fraternelle des forces et des ressources, les instruments de travail ! Voilà ce que produit l'association, et voilà ce qui constitue bien véritablement la liberté. (Bravo.)

Du reste, qu'on ne s'y trompe pas, ce grand principe de l'association, nous ne l'invoquons pas seulement comme moyen d'arriver à l'abolition du prolétariat, mais comme moyen d'accroître indéfiniment la fortune publique, c'est-à-dire que nous l'invoquons pour les riches, pour les pauvres, pour tout le monde. Car, autant la concurrence déploie de force pour tarir les sources de la richesse, autant l'association en possède pour les multiplier, les agrandir. Avec l'association universelle, avec la solidarité de tous les intérêts nouée puissamment, plus d'efforts annulés, plus de temps perdu, plus de capitaux égarés, plus d'établissements se dévorant les uns les autres ou mourant du contre-coup de quelque faillite lointaine et imprévue, plus de produits créés à l'aventure, plus de machines nouvelles devenant des instruments de guerre, plus de travailleurs enfin cherchant au milieu d'un désordre immense l'emploi qui les cherche eux-mêmes sans les trouver.

Et maintenant, quel sera dans ce régime nouveau le meilleur mode de répartition à établir, soit dans les travaux, soit dans la rémunération ?

Je suppose un instant la société arrivée au dernier terme de son perfectionnement : que faudrait-il pour que tous les hommes y fussent heureux ? deux choses : d'abord, que chacun pût développer librement ses facultés et ses aptitudes ; ensuite, que chacun pût contenter pleinement ses besoins et ses goûts. L'idéal vers lequel la société doit se mettre en marche est donc celui-ci : produire selon ses forces, consommer selon ses besoins. (Oui ! oui ! c'est évident.)

Mais cet idéal, y peut-on atteindre aujourd'hui ? Je ne le pense pas. En premier lieu, le bienfait de l'éducation n'ayant été jusqu'ici accordé aux hommes que par privilége, en vertu d'une naissance plus ou moins heureuse, c'est-à-dire sur les indications du hasard, les fonctions ne se trouvent nulle part déterminées par les aptitudes, qui presque partout sont ignorées ou s'ignorent; en second lieu, il est malheureusement trop certain que la civilisation vicieuse dont nous portons aujourd'hui le poids, et qui obscurcit les lois de la nature, se trouve avoir créé une foule de besoins factices, de goûts dépravés, de vains désirs, qui, dans l'idéal dont nous parlions tout à l'heure, se traduiraient en exigences désordonnées et ruineuses. Si l'on prétendait appliquer dès à présent ce principe, *que chacun doit travailler selon ses aptitudes et ses forces, que chacun doit consommer selon ses besoins*, où serait la limite des besoins, où serait la règle des aptitudes? L'objection est sérieuse, fondamentale. Sans doute, elle n'aurait pas de valeur au sein d'une société suffisamment éclairée, parce que là, évidemment, la règle des aptitudes serait fournie par l'éducation, et que la limite des besoins y serait clairement indiquée par la nature et assignée par la morale. Mais l'histoire ne se fait pas en un jour. Tout siècle a sa besogne : la nôtre n'est peut-être pas de réaliser le souverain principe d'ordre et de justice. Dans ce long voyage de l'humanité vers le bien, nous avons encore quelques étapes à fournir. Mais s'il nous est refusé de toucher au but suprême, ayons du moins le mérite de l'apercevoir et la gloire d'y marcher.

Nous voici donc ramenés à ce qui serait présentement applicable.

Vous connaissez le projet d'organisation du travail que nous avons naguère proposé: vous savez par quels moyens, tirés de l'état actuel des choses, nous estimons qu'on pourrait arriver à une solidarité parfaite, d'abord entre les ouvriers d'un même atelier, puis entre les ateliers d'une même industrie, et enfin entre toutes les industries diverses. (Voir le Moniteur du 24 mars 1848.) Bientôt nous publierons le résultat de nos études sur l'établissement d'ateliers agricoles et sur le lien qui les doit unir aux ateliers industriels, de manière à compléter notre plan.

Or, une fois l'association établie dans un atelier, quel serait le meilleur mode de répartition à introduire? Conviendrait-il d'admettre l'inégalité des salaires, en réservant l'égalité pour la distribution des bénéfices; ou bien admettrait-on l'égalité dans la distribution des salaires et des bénéfices en même temps?

Nul doute que l'inégalité des salaires ne soit le système le plus approprié à notre éducation, à nos habitudes, à nos mœurs, à l'ensemble des idées généralement répandues. Nul doute, par conséquent, que ce système ne fût préférable au point de vue purement pratique. Aussi n'avons-nous eu garde de l'exclure, quoiqu'en aient pu dire des critiques superficiels, ou intéressés peut-être à obscurcir la vérité, quoi qu'en aient pu dire des hommes qui trompent le Peuple, voulant continuer de l'asservir.

Non, il n'est pas vrai que nous ayons condamné absolument le système de l'inégalité des salaires, combinée avec l'égale répartition des bénéfices. Ce qui est vrai, c'est qu'à ce système, plus conforme à la situation présente, nous en avons opposé un autre, plus en rapport avec nos pressentiments de l'avenir. Et pourquoi l'avons-nous fait, alors surtout que nous laissions aux travailleurs la liberté du choix? Parce qu'il est du devoir de ceux qui conduisent les affaires de songer à la fois aux choses du jour et à celles du lendemain. Ce que je disais naguère, je le répète avec une conviction réfléchie: *les pouvoirs qui nous ont précédés se vantaient d'être la résistance; nous, nous sommes le mouvement.* Il nous était donc commandé, en nous élevant à ces hauteurs, d'examiner si l'égalité des salaires n'était pas dès à présent acceptable dans les ateliers nouveaux, du moins pour les travailleurs les plus impatients de jouir des bienfaits de la fraternité.

Et avant tout, posons bien en fait que nous n'avons jamais entendu appliquer l'égalité des salaires à l'industrie privée et dans le régime actuel de concurrence. Il est manifeste que là où les travailleurs ne sont attachés l'un à l'autre par aucun lien, les rétribuer également, ce serait offrir une prime à la paresse et détendre le ressort de l'activité individuelle.

En effet, dans un atelier où chaque ouvrier traite *isolément, séparément,* avec l'entrepreneur, avec celui que jusqu'à la révolution de février on avait appelé le maître (Applaudissements), qui donc a intérêt à ce que son voisin remplisse consciencieusement sa journée? Qui pourrait s'en inquiéter? Nous travaillons pour le compte d'autrui, au profit d'autrui; si mon camarade se croise les bras, que m'importe? C'est l'affaire du patron, ce n'est pas la mienne. Voilà justement ce qui fait que, dans le régime d'individualisme où nous vivons en ce moment, l'inégalité des salaires est un aiguillon indispensable.

Aussi ne saurions-nous trop insister sur ce point, que l'égalité des salaires n'a été indiquée par nous qu'en vue d'un régime tout différent de celui d'aujourd'hui, qu'en vue d'un régime d'association et d'étroite solidarité. Car alors tout change: c'est alors que chacun est intéressé à stimuler le zèle de ses camarades, à activer un labeur dont chacun recueillera les fruits; c'est alors que le point d'honneur devient un ressort d'une énergie souveraine. Qui oserait ne pas payer sa dette de travail, quand, à l'égard de ses associés, de ses frères, sa paresse serait une lâcheté et un vol? (Bravo! bravo!) Sans parler ici de l'entraînement physique et presque machinal qui fait aller du même pas une multitude en marche, est-ce donc si peu connaître la nature humaine que de croire à cette électricité morale qui se dégage du contact d'hommes associés, coopérant à une œuvre commune sous l'empire d'une même idée, sous l'impulsion d'un même sentiment? (Applaudissements prolongés. C'est vrai! c'est vrai!)

A Dieu ne plaise, au surplus, que nous considérions l'égalité des salaires comme réalisant d'une manière complète le principe de la justice ! Nous avons donné tout à l'heure la vraie formule : *que chacun produise selon son aptitude et ses forces, que chacun consomme selon ses besoins;* ce qui revient à dire que l'égalité juste, c'est la *proportionnalité*. Mais quoi ! cette proportionnalité, elle existe aujourd'hui. Seulement c'est au rebours de la raison et de l'équité; car, au lieu d'être rétribué selon ses besoins, on est rétribué selon ses facultés, et, au lieu de travailler selon ses facultés, on travaille selon ses besoins! (Sensation.)

Quelque imparfait qu'il soit, le système de l'égalité des salaires a du moins l'avantage de constituer une transition entre une proportionnalité fausse et la proportionnalité vraie : car, que la rétribution doive se mesurer à la capacité, on ne saurait certainement le soutenir jusqu'au bout. Il faudrait donc que, là où la capacité est nulle, la rétribution fût nulle aussi; il faudrait donc laisser mourir de faim les idiots, les infirmes et les fous! Pourquoi, dès-lors, des hospices pour les uns et Bicêtre pour les autres? On le voit, la société est obligée de violer en cela son propre principe, tant ce principe outrage la nature! Et ce n'est pas seulement au sein des sociétés chrétiennes que cette solennelle contradiction s'est manifestée. Dans l'antiquité, par une exagération bizarre mais touchante, un individu atteint de folie était regardé comme sacré, et tous les hommes doués d'intelligence se croyaient responsables de la vie du malheureux qu'avait abandonné la raison.

Ainsi, d'un bout de l'histoire à l'autre a retenti la protestation du genre humain contre ce principe : « A chacun selon sa capacité, » la protestation du genre humain en faveur de ce principe : « A chacun selon ses besoins. » (Marques unanimes d'assentiment.)

Qu'il reste donc bien entendu que l'égalité des salaires ne saurait être, à nos yeux, qu'un acheminement vers la justice, et, d'un autre côté, nous avons cru devoir l'indiquer comme une condition d'ordre, comme une garantie de la durée de l'association, rien n'étant plus propre que l'inégalité à faire naître des divisions, à susciter l'envie, à engendrer la haine.

Maintenant, est-ce à dire que ce système d'égalité dans la rémunération doive être étendu de l'ouvrier au fonctionnaire public, et même aux chefs de l'État? Sans hésiter, nous répondons que si l'association devenait assez vaste pour embrasser l'universalité des citoyens, et faire de la nation une grande famille, ce serait alors le cas d'appliquer le principe supérieur de justice : *Devoir en proportion des aptitudes et des forces, droit en proportion des besoins.*

Ainsi se trouverait réalisée cette admirable parole de l'Évangile : « Que le premier d'entre vous soit le serviteur des autres. » Et ce n'est certes pas nous qui nous élèverions contre une semblable maxime. (Applaudissements.)

Pour moi, je vous le déclare, je me fais une si haute idée du pouvoir, que celui qui y verrait une question d'émoluments me paraîtrait le dernier des hommes. Il y a dans le fait de commander à ses semblables je ne sais quoi de présomptueux qui a besoin d'être amnistié par la passion de leur être utile. Gouverner, c'est se dévouer. (Applaudissements prolongés.)

On a demandé si je consentirais à m'appliquer la règle que je proclame. Voici ma réponse : Dans le système d'universelle association, dans le système, complétement réalisé, que j'appelle de tous mes vœux..... OUI ! (Acclamations unanimes). Et ce OUI, je désire qu'il soit imprimé à 200,000 exemplaires, pour que si jamais je venais à le renier, chacun de vous pût, un exemplaire à la main, me démentir et me confondre. (Nouvelles et bruyantes acclamations.)

Quelques mots encore, à moins que votre attention ne soit fatiguée. (De toutes parts : Non, non!) On a essayé de répandre parmi les ouvriers la crainte que l'égalité du salaire ne descendît pour eux au niveau du minimum. Tel ouvrier, a-t-on dit, qui gagnait six francs, sera réduit à n'en gagner que trois, comme l'ouvrier moins habile. Nous n'avons jamais ni rien voulu ni rien avancé de semblable. Notre conviction profonde, au contraire, est que l'égalité, en tant qu'elle se combinerait avec l'association, assurerait à chacun le maximum des salaires d'aujourd'hui. Il s'agit pour nous, non pas d'abaisser, mais d'élever de plus en plus le niveau du bien-être.

Au surplus, entre l'égalité et l'inégalité, libre à vous de choisir.

Seulement, rappelez-vous que l'association est féconde pour le bonheur. La fraternité, c'est la science de la richesse. Soyez frères, vous serez riches. Soyez frères, vous serez heureux par le devoir. (L'assemblée se sépare au milieu de la plus vive émotion.)

Imprimerie nationale. — Avril 1848.

www.ingramcontent.com/pod-product-compliance
Lightning Source LLC
LaVergne TN
LVHW050519160826
845677LV00003B/1218

* 9 7 8 2 3 2 9 6 1 9 6 1 3 *